Ellies

Mein ~~Mein~~ Geheimes Tagebuch

Ellie's

~~My~~ Secret Diary

Henriette Barkow & Sarah Garson

German translation by Friederike Barkow

Sonntag morgen 7.30

Liebes Tagebuch,

heute nacht hatte ich einen schrecklichen Traum.
Ich rannte ... und rannte. Ein riesiger Tiger war
hinter mir her. Ich rannte schneller und schneller,
aber ich konnte ihn nicht abhängen.
Er kam immer näher und – da wachte ich auf.

Ich hatte Flo in meinen Armen. Mit ihr fühle ich mich sicher
– sie weiss wo es lang geht, ihr kann ich alles anvertrauen.

Ich hab jetzt oft so scheckliche Träume.
Früher hatte ich nie so was.

Früher hatte ich auch haufenweise Freunde, wie Sara
und Jenny. Mit Sara ging ich oft einkaufen oder
Schaufenster gucken, aber ...

seit SIE da ist, ist die Schule die HÖLLE.
Ich hasse   hasse   HASSE sie!!!

Dear Diary

Had a bad dream last night.
I was running ... and running.
There was this huge
tiger chasing me.
I was running faster and faster but
I couldn't get away.
It was getting closer and then ...
I woke up.

I held Flo in my arms. She makes me feel safe
- she knows what's going on. I can tell her.

Keep having bad dreams.
Didn't used to be like that.
I used to have loads of friends – like Sara and Jenny.
Sara asked me to go to the shops but ...

School's been HELL
since SHE came.

I hate hate
HATE her!!!

Sunday evening 20.15

Dear Diary

Went to Grandad's.
Lucy came and we climbed the big tree.
We played pirates.
School 2morrow.
Don't think I can face it.
Go to school and
see HER!

SHE'll be waiting. I KNOW she will.

Even when she isn't there I'm scared
she'll come round a corner.
Or hide in the toilets like a bad smell.
Teachers never check what's going
on in there!

If ONLY I didn't have to go.
Flo thinks I'll be ok.

Sonntag abend 20.15

Liebes Tagebuch,

war heute bei Opa.
Lucy war auch da und wir kletterten auf den grossen
Baum und spielten Seeräuber.
Morgen ist wieder Schule. Ich glaube, ich halts nicht
aus, in die Schule zu müssen und SIE zu sehn!

SIE wird auf mich warten. ICH WEISS sie wird!

Selbst wenn ich sie nicht gleich sehe, wird sie um
irgendeine Ecke kommen oder sie wird im Klo auf
mich lauern. Die Lehrer haben ja keine Ahnung,
was sich so in den Klos abspielt!

Wenn ich bloss nicht in
die Schule müsste!
Flo glaubt es wird schon
alles gut gehen.

Montag morgen 7.05

Hatte den gleichen schrecklichen Traum, nur dass SIE mir auf den Fersen war. Ich versuchte wegzulaufen, aber sie kam immer näher und als sie ihre Hand austreckte, um nach meiner Schulter zu grabschen, wachte ich auf.

Mir ist noch ganz schlecht, aber ich zwang mich, was zu essen, damit Mama nichts merkt. Mama kann ich nichts sagen, das würde alles nur noch schlimmer machen. Ich kann mit niemandem reden. Sie würden glauben, dass ich feige bin und das bin ich nicht.

Diese Zicke, und was Sie mit mir macht, ist an allem schuld.

I had that dream again.
Only this time it was HER who was chasing
me. I was trying to run away but she kept
getting closer and her hand was just on my
shoulder ... then I woke up.

I feel sick but I made myself eat
breakfast, so mum won't
think anything's up.
Can't tell mum – it'll just
make it worse.
Can't tell anyone.
They'll think I'm soft
and I'm not.
It's just <u>that girl</u>
and what SHE does to me.

Monday evening 20.30

SHE was there. Waiting.
Just round the corner from school where nobody could
see her. SHE grabbed my arm and twisted it behind
my back.
Said if I gave her money she wouldn't hit me.
I gave her what I had. I didn't want to be hit.
"I'll get you tomorrow!" SHE said and pushed me over
before she walked off.
It hurt like hell. She ripped my favourite trousers!

Told mum I fell over. She sewed them up.
I feel like telling Sara or Jenny but they
won't understand!!

Glad I've got you and
Flo to talk to.

Montag abend 20.30

Sie war da, lauerte um die Ecke von der Schule, wo
niemand sie sehen konnte. Sie griff nach meinem
Arm, drehte ihn auf meinen Rücken und sagte,
sie würde mich nur dann nicht verprügeln,
wenn ich ihr Geld gäbe.
Ich gab ihr alles, was ich hatte, ich wollte nicht
verprügelt werden. „Warte nur, morgen
werd ichs dir zeigen," fauchte sie und
gab mir einen solchen Schubs,
dass ich hinflog und mir meine
Lieblingshose zerriss.
Es tat ganz schön weh!

Mama erzählte ich, ich sei
gestolpert und sie flickte
meine Hose. Ich würde Sara
und Jenny so gern davon
erzählen, aber sie
würden mich nicht
verstehen.

Gut, dass ich dich und
Flo habe, mit euch kann
ich wenigstens reden.

Dienstag morgen 7.30

Ich konnte letzte Nacht nicht schlafen.
Ich lag wach und fürchtete mich
einzuschlafen. Ich hatte Angst,
der Traum würde wiederkommen.
SIE wird auf mich warten.

Warum hat sie es gerade auf
MICH abgesehen?
Ich hab ihr doch nichts getan.
Ich muss wohl doch eingeschlafen
sein, denn Mama weckte mich.

Konnte mein Frühstück nicht
runter kriegen.
Hab es Sam gegeben damit
Mama es nicht merkte.

12

Couldn't sleep last night.
Just lay there. Too scared to go to sleep.
Too scared I'd have that dream again.
SHE'll be waiting for me. Why does she always
pick on ME? I haven't done anything to her.
Must have dropped off, cos next thing
mum was waking me.

9

3

6

Couldn't eat breakfast.
Gave it to Sam so mum wouldn't notice.

Dienstag abend 20.00

Nach der Schule folgte sie mir,
gross und stark wie sie ist.
SIE zog mich an den Haaren,
so sehr, dass ich fast geschrien
hätte, aber die Befriedigung
wollte ich ihr nicht geben.

„Hast du mein Geld?" schrie sie mich an.
Ich schüttelte den Kopf.
„Bis du es mir gibst, nehme ich mal das," fauchte
SIE und riss mir den Turnbeutel aus der Hand.

Ich möchte es ihr schon geben, mit der Faust mitten
in ihr fettes Gesicht! Was kann ich nur machen?
Schlagen kann ich sie nicht, weil sie viel
grösser ist als ich.

Mama um Geld bitten kann ich auch nicht,
denn sie würde fragen wofür.

Tuesday evening 20.00

SHE followed me out of school – all big and ~~tuff~~ tough.
SHE pulled my hair. Wanted to scream but I didn't want
to give her the satisfaction.
"You got my money?" SHE spat at me.
Shook my head. "I'll have this," SHE snarled, snatching
my PE bag, "til you give it to me."
I'd love to give it to her! Feel like punching her fat face!
What can I do? I can't hit her cos she's bigger than me.

I can't ask mum
or dad for the money
cos they'll want to
know what it's for.

Mittwoch morgen 5.30

Tagebuch, ich hab was ganz Schlimmes gemacht,
wirklich Schlimm!
Ich weiss nicht, was Mama tun wird, wenn sie
es rausfindet. Eins ist sicher, es wird ein
fürchterliches Theater geben.

Gestern abend sah ich Mamas Portemonnaie auf dem
Tisch liegen, ich war allein zu Hause und ich habe
ihr fünf Pfund geklaut.

Ich wills ja so schnell wie möglich zurück tun.
Ich will mein Taschengeld sparen oder
versuchen, Geld zu verdienen.

Wenn sie bloss nichts merkt.
Sie würde total durchdrehen!

Diary, I've done something bad.
Really bad!

If mum finds out I don't know what she'll do.
But I'll be in big trouble - for sure.

Last night I saw mum's purse on the table.
I was on my own and so I took £5.

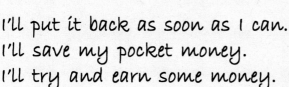

← flo

I'll put it back as soon as I can.
I'll save my pocket money.
I'll try and earn some money.

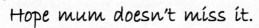

Hope mum doesn't miss it.

She'll go mad!

Mittwoch abend 19.47

Das war der schlimmste Tag in meinem Leben!!

1. Ich wurde angeschrien, weil ich kein Turnzeug hatte.
2. Ich hatte keine Schularbeiten gemacht.
3. SIE wartete am Seitenausgang, verdrehte mir wieder den Arm, nahm das Geld und warf den Turnbeutel in den Matsch .
4. SIE will mehr Geld.

Mehr Geld kann ich nicht auftreiben.
Ich hab doch schon einmal von Mama geklaut.
Ich habe keine Ahnung, was ich machen soll.

Ich wünschte, ich wäre nie geboren.

Wednesday evening 19.47

This has been the worst day of my life!!

1st – got told off cos I didn't have my PE things.
2nd – hadn't done my homework.
3rd – SHE was by the side gate – waiting.
She twisted my arm and took the money.
Threw my bag in the mud.
4th – SHE wants more.
I can't get more ...
I've already stolen from mum.
I don't know what to do.

Wish I'd never been born!!

Ich kanns nicht glauben.
Mama hat es entdeckt.

Sie wollte wissen, ob einer von uns ihren fünf Pfund
Schein gesehen hätte. Wir sagten alle nein.
Was hätte ich sonst sagen sollen?

Ich kam mir so schlecht vor, so schrecklich schlecht.
Ich mag nicht lügen. Mama sagt, sie wird mich in die
Schule bringen. Bis die Schule aus ist, kann ich mich
wenigstens sicher fühlen.

I can't believe it.
Mum's found out!!

She wanted to know if anybody
had seen her £5 note.
We all said no.
What else could I say?

I feel bad, really bad. I hate lying.
Mum said she's taking me to school.
At least I'll be safe til home time.

On the way to school mum asked me if I took the
money.
She looked so sad.
I had thought of lying but seeing her face
I just couldn't.
I said yes and like a stupid idiot burst into tears.

Mum asked why?
And I told her about the girl and what she'd been
doing to me. I told her how scared I was.
I couldn't stop crying.
Mum held me and hugged me.

When I'd calmed down, she asked,
if there was anyone at school
I could talk to?
I shook my head.
She asked if I would
like her to talk to
my teacher.

Donnerstag abend 18.30

Auf dem Schulweg hat Mama mich gefragt,
ob ich das Geld genommen hätte.
Sie sah so traurig aus.
Ich hatte vorgehabt zu schwindeln, aber als ich ihr
trauriges Gesicht sah, konnte ich es einfach nicht.
Ich gab es zu und fing an zu heulen wie ein Baby.

Mama fragte mich, warum?
Und dann erzählte ich von dem Mädchen und was
sie mit mir gemacht hatte. Ich erzählte ihr auch,
wie sehr ich mich fürchtete.
Ich konnte nicht aufhören zu heulen.
Mama nahm mich in die Arme
und drückte mich ganz doll.

Als ich mich etwas beruhigt hatte,
fragte sie mich, ob ich in der Schule
jemanden wüsste, mit dem ich
darüber reden könnte?
Ich schüttelte den Kopf.
Sie fragte, ob ich möchte, dass sie
mit der Lehrerin darüber spricht.

Friday morning 6.35

Dearest Diary

Still woke up real early but

I DIDN'T HAVE THAT DREAM!!

I feel a bit strange. Know she won't be in school - they
suspended her for a week. What if she's outside?

My teacher said she did it to others - to Jess and Paul.

I thought she'd only picked on me.
But what happens if she's there?

Freitag morgen 6.35

Geliebtes Tagebuch,

ich bin zwar sehr früh aufgewacht, aber

ICH BIN DIESEN TRAUM LOS!!

Ein komisches Gefühl, zu wissen, sie wird
nicht in der Schule sein - für eine Woche
darf sie nicht in die Schule kommen.
Wenn sie aber draussen auf mich wartet?

Meine Lehrerin hat gesagt, sie hätte das
auch mit andern Kindern gemacht –
mit Jess und Paul.

Und ich dachte, sie hatte es nur
auf mich abgesehen.
Wenn sie aber trotzdem da ist,
was dann?

Freitag abend 20.45

Sie war wirklich nicht da!!!
Eine nette Dame redete mit mir und sagte, ich könne immer
zu ihr kommen und mit ihr sprechen. Sie sagte, wenn irgend
jemand dich mobbt, musst du es sofort sagen.
Ich erzählte Sara und Jenny davon und Jenny sagte,
es sei ihr in ihrer vorigen Schule genau so gegangen.
Nicht mit Geld, aber ein Junge hätte sie dauernd schikaniert.

Wir werden jetzt alle auf einander aufpassen,
damit niemand in unserer Schule gemobbt wird.
Vielleicht ist ja nun wirklich alles ok.
Als ich nach Hause kam, hatte Mama mein
Lieblingsessen gekocht.

She really wasn't there!!!
I had a talk with a nice lady who said I could talk to
her at any time. She said that if anyone is bullying
you, you should try and tell somebody.
I told Sara and Jenny. Sara said it had happened to her
at her last school. Not the money bit but this boy kept
picking on her.

We're all going to look after each other at school so
that nobody else will get bullied. Maybe it'll be ok.
When I got home mum made my favourite dinner.

Sonnabend morgen 8.50

Liebes Tagebuch,

Keine Schule!   Keine schlimmen Träume!

Hab auf dem Netz nachgeguckt und da gab es ganz
viel über Mobbing. Ich hatte keine Ahnung, dass es
oft vorkommt, aber es scheint dauernd zu passieren,
sogar mit Erwachsenen und Fischen.

Wusstest du, dass Fische von dem Stress,
den Mobbing erzeugt, sterben können?
Es gibt auch so was wie das Sorgentelefon
– für Menschen, aber nicht für Fische!

Wenn ich bloss davon
gewusst hätte!

Saturday morning 8.50

Dear Diary
        No school!!   No bad dreams!!
Had a look on the net and there was loads about
bullying. I didn't think that it happened often
but it happens all the time! Even to grown-ups
and fishes. Did you know that fishes can
die from the stress of being bullied?
There are all kinds of helplines
and stuff like that
- for people, not fishes!!

I wish I'd known!

Sonnabend abend 21.05

Papa ist mit Sam und mir ins Kino gegangen.
Der Film war wirklich komisch.
Wir haben uns totgelacht.

Sam wollte wissen, warum ich ihm nicht
erzählt hatte, was passiert war.

„Ich würde ihr ganz schön eine
geschmiert haben," sagte er.
„Dann hättest du dich nicht viel besser
benommen als sie," antwortete ich ihm.

Dad took me and Sam to see a film. It was really funny.
We had such a laugh.
Sam wanted to know why I never told him about what was
going on.
"I would have smashed her face!" he said.
"That would just have made you a bully too!" I told him.

What Ellie found out about bullying:

If you are bullied by anyone in any way IT IS NOT YOUR FAULT!
NOBODY DESERVES TO BE BULLIED!
NOBODY ASKS TO BE BULLIED!

There are many ways in which somebody can be bullied.
Can you name the ways in which Ellie was bullied?
Here is a list of some of the ways children are bullied:
- being teased
- being called names
- getting abusive messages on your mobile phone
- getting hate mail either on email or by letter
- being ignored or left out
- having rumours or lies spread about you
- being pushed, kicked, shoved or pulled about
- being hit or punched or hurt physically in any way
- having your bag or other belongings taken and thrown about
- being forced to hand over money or your belongings
- being attacked because of your race, religion or the way you speak or dress

Ellie found that it helped to keep a diary of what was happening to her.
It's a way of keeping a record of dates and times when things occurred.
It's also a way of not bottling everything up. It is important that you try
and tell somebody what is going on.
Maybe you could try talking to a friend who you trust.
Maybe you could try talking to your mum or dad, sister or brother.
Maybe there is a teacher at school who you feel comfortable talking to.
Most schools have an anti-bullying policy and may have somebody
(like the kind lady Ellie mentions in her diary) to talk to.

Here are some of the helplines
and websites that Ellie found:

Helplines:

CHILDLINE 0800 1111

KIDSCAPE 020 7730 3300

NSPCC 0808 800 5000

Websites:

In the UK:
www.bbc.co.uk/schools/bullying
www.bullying.co.uk
www.childline.org.uk
www.dfes.gov.uk/bullying
www.kidscape.org.uk/info

In Australia & New Zealand:
www.kidshelp.com.au
www.bullyingnoway.com.au
ww.nobully.org.nz

In the USA & Canada:
www.bullying.org
www.pta.org/bullying
www.stopbullyingnow.com

If you want to read more about bullying there are many excellent books
so just check your library or any good bookshop.

Books in the *Diary Series*:
Bereavement
Bullying
Divorce
Migration

Text copyright © 2004 Henriette Barkow
Illustrations copyright © 2004 Sarah Garson
Dual language copyright © 2004 Mantra Lingua

A CIP catalogue record for this book is available
from the British Library

First published 2004 by Mantra Lingua
Global House, 303 Ballards Lane
London N12 8NP
www.mantralingua.com